This book belongs to:

For my little Else.
A kiss from your giant - C.N.

First published in 2004 by Macmillan Children's Books, London
First dual language publication in 2004 by Mantra Lingua

mantra
5 Alexandra Grove, London N12 8NU
www.mantralingua.com

CARL NORAC

INGRID GODON

আমার বাবা যেন এক দৈত্য

My Daddy is a Giant

Bengali translation by Sujata Banerjee

mantra

আমার বাবা যেন এক দৈত্য।
তাকে আদর করতে চাইলে,
আমায় মই বেয়ে উঠতে হয়।

My daddy is a giant.
When I want to cuddle him,
I have to climb a ladder.

লুকোচুরি খেলার সময়,
আমার বাবাকে গিয়ে লুকোতে হয়
সেই পাহাড়ের পিছনে।

When we play hide-and-seek,
my daddy has to hide
behind a mountain.

ক্লান্ত মেঘেরা সব এসে ঘুমায়
আমার বাবার কাধে।

And when the clouds are tired,
they come and sleep
on my daddy's shoulders.

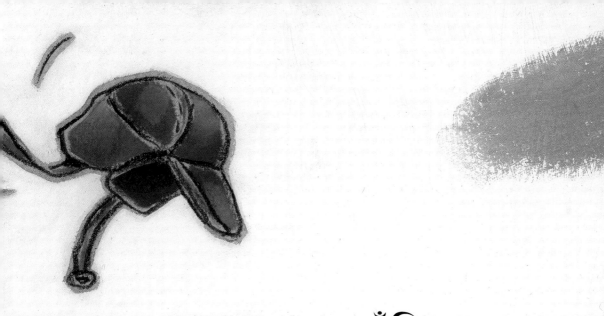

আমার বাবার হাঁচি,
যেন এক প্রচন্ড ঝড়।
সমুদ্রের পানিও উড়ে যায় তাতে।

When my daddy sneezes,
it's like a hurricane.
It blows the sea away.

আমার বাবার হাসি,
যেন আর এক প্রচন্দ ঝড়।
গাছের সব পাতা ঝড়ে যায় তাতে।

When my daddy laughs,
it's like another hurricane.
All the leaves fly off the trees.

পাখীরা আমার বাবাকে ভালবাসে,
তারা সব বাসা বানায়
বাবার মাথার চুলে এসে।

Birds love my daddy.
They make their nests
in his hair.

ফুটবল খেলায় আমার বাবা
সব সময় জেতেন।
তিনি বল কিক্ করে
একেবারে উচুতে চাঁদের
কাছে পৌছে দেন।

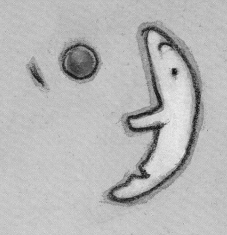

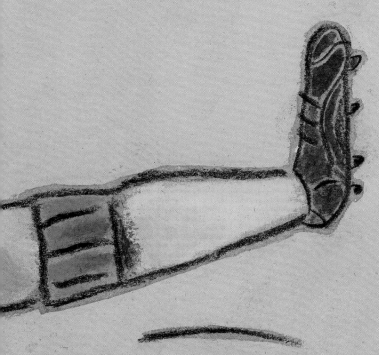

When we play football,
my daddy always wins.

He can kick the ball as high as the moon.

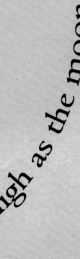

কিন্তু মার্বেল খেলায় আমি
তাকে হারিয়ে দিই সবসময়।
তার আঙ্গুলগুলি বিরাট লম্বা।

But I always beat
him at marbles.
His fingers are
far too big.

আমার খুব মজা লাগে যখন আমার
বাবা বলেন,
"তুমি দেখি আমার মত লম্বা হয়েছ।"

I like it when my
daddy says,
"You're getting as
tall as me!"

আমার বাবা যখন দৌড়ান,
মাটিও কাঁপে
যেন সে ভয় পেয়েছে।

When my daddy runs,

the ground shakes

as if it was scared.

কিন্তু আমি ভয় পাইনা
কোন কিছুতেই
যখন আমি আমার
বাবার কোলে চড়ি।

But I'm not scared
of anything when
I'm in my daddy's arms.

আমার বাবা যেন এক দৈত্য,
আর তিনি তার সেই বিরাট
হৃদয় দিয়ে আমায় ভালবাসেন।

My daddy is a giant,
and he loves me with
all his giant heart.